Anne-Marie Le Plouhinec

Stéphanie superstar !

Ernst Klett Schulbuchverlage
Stuttgart · Leipzig

Table des matières

Préface	3
Avant la lecture	4
1 Qui est la superstar de demain ?	5
2 Journal intime de Stéphanie *(30 avril)*	6
3 Bravo, la star !	7
4 Journal intime de Stéphanie *(6 mai)*	8
5 Tout pour le look	9
6 Jimmy et Lara	12
7 Journal intime de Stéphanie *(2 juin)*	14
8 Une dispute en famille	16
9 Journal intime de Stéphanie *(6 juin)*	18
10 Un coup de téléphone	19
11 Rencontre à la FNAC	20
12 Journal intime de Stéphanie *(20 juin)*	23
13 Adieu, Lara	23
Pendant la lecture	27
Après la lecture	32

1. Auflage 1 10 9 8 7 | 2014 2013 2012 2011

Alle Drucke dieser Auflage sind unverändert und können im Unterricht nebeneinander verwendet werden. Die letzten Zahlen bezeichnen jeweils die Auflage und das Jahr des Druckes.

Das Werk und seine Teile sind urheberrechtlich geschützt. Jede Nutzung in anderen als den gesetzlich zugelassenen Fällen bedarf der vorherigen schriftlichen Einwilligung des Verlages. Hinweis zu § 52 a UrhG: Weder das Werk noch seine Teile dürfen ohne eine solche Einwilligung eingescannt und in ein Netzwerk eingestellt werden. Dies gilt auch für Intranets von Schulen und sonstigen Bildungseinrichtungen.
Fotomechanische Wiedergabe nur mit Genehmigung des Verlages.

© Ernst Klett Verlag GmbH, Stuttgart 2005. Alle Rechte vorbehalten.
Internetadresse: http://www.klett.de

Umschlag: Sabine Koch, Stuttgart.
Illustrationen: Sepp Buchegger, Tübingen.
Druck: Medienhaus Plump, Rheinbreitbach.
Printed in Germany.
ISBN 978-3-12-591857-3
ISBN 3-12-591857-X

Liebe Schülerinnen und Schüler!

Lesen sollte vor allem Spaß machen. Deswegen findet ihr in *Stéphanie Superstar!* nicht nur ein spannendes Thema, sondern ihr werdet auch einen lebendigen Einblick in den Alltag französischer Jugendlicher erhalten.

Ihr werdet feststellen, dass die Sprache in dieser Geschichte anders klingt als die, der ihr im Lehrbuch begegnet seid. Französische Jugendliche benutzen nämlich gerne das *français familier*, die Umgangssprache. So auch Stéphanie, die Heldin dieser Geschichte, und ihre Freunde: sie sagt z.B. *un mec* anstelle von *un homme* (S. 7) *cinoche* statt *cinéma* (S. 19).

Hier sind ein paar typische Merkmale des *français familier*:

- Vokale werden oft verschluckt: z.B. *t'as peur* statt *tu as peur* (S. 7).

- Bei Verneinungen fällt das *ne* oft weg: anstelle von *ne t'énerve pas* heißt es *t'énerve pas* (S. 8); für *ça ne fait rien* steht *ça fait rien* (S. 11).

- Jugendliche mögen gerne Abkürzungen: sie verwenden z.B. *répèt* für *répétition* (S. 14).

- Jugendliche übertreiben manchmal in ihrer Ausdrucksweise: sie sagen z.B. *une star super cool* (S. 19) oder *c'est trop génial* (S. 6).

Wir wünschen euch viel Spaß mit *Stéphanie superstar!*

Avant la lecture

1. Couverture *(Umschlag)*

a) Qu'est-ce que vous voyez sur la couverture ?
   Décrivez l'image.
b) Est-ce que vous aimez ce dessin ?
   Pourquoi/Pourquoi pas ?

2. Titre

Lisez le titre et essayez ensuite d'imaginer l'histoire :
Qu'est-ce qui va se passer ? Faites des propositions.

3. Préparation à la lecture

a) Qu'est-ce que vous pensez des castings qu'on peut voir à la télévision ? Est-ce que ça vous intéresse ?
   Dites pourquoi/pourquoi pas.
b) Est-ce que vous avez déjà eu envie de participer *(teilnehmen)* à un casting ? Est-ce que vous avez déjà rêvé de devenir une « superstar » ? Racontez.

1 Qui est la superstar de demain ?

Sur 500 au début du casting, ils sont maintenant encore dix. Leur âge : entre 15 et 20 ans. Leur passion : la musique. Leur rêve : devenir la prochaine superstar. Mais qui va réussir ? Depuis deux semaines, on entend sur toutes les radios le tube qu'ils ont enregistré ensemble : « Jusqu'au bout de la route ». Mais samedi prochain, le groupe, c'est fini ! Pendant l'émission « Superstar », sur M6, vous pourrez téléphoner ou envoyer vos SMS pour choisir vos chanteurs préférés. Pour quatre de ces jeunes chanteurs, l'histoire va s'arrêter là. Pour les autres, le rêve continue…

DJ Apollo, qui a organisé le casting, est sûr que ça va être un grand moment de télévision, avec beaucoup d'émotion : « Ils ont travaillé comme des fous pour arriver

---

1 **sur** *ici:* von – 2 **une passion** Leidenschaft – 3 **devenir** werden – 5 **un tube** *fam.* Hit – 6 **un bout** *ici:* Ende – 7 **une émission** Sendung

jusque-là, et ils sont tous super bons. Pour les quatre qui vont nous quitter samedi, ça va être très dur. Mais c'est la règle du jeu. A la fin, seul le meilleur – ou la meilleure – reste : si on veut gagner, il faut aussi savoir perdre ».
Alors, ne ratez surtout pas « Superstar », samedi à 20h50 sur M6 !

2 Journal intime de Stéphanie

30 avril
C'est super, c'est trop génial, je ne peux presque pas le croire ! C'est bien moi, là, sur la photo du journal, moi, Stéphanie Allard, 15 ans (bientôt 16 !), moi, une des dix qui peuvent encore gagner ! Au début, j'ai vu ça un peu comme un jeu. Je me suis dit : « Vas-y, pourquoi pas ? Ça peut être cool… ». Mais ensuite, à chaque étape du casting, tout a bien marché. Alors maintenant, je commence à m'imaginer que… c'est peut-être moi, la « superstar » ! Je ne pense qu'à ça toute la journée, j'ai trop envie de réussir !

O.K., je sais, on est encore dix, et il y a deux ou trois candidats qui chantent vraiment super bien, mais… on peut rêver un peu, non ?

D'abord, moi aussi, je chante bien. Et en plus, je fais tout pour gagner : j'ai quitté l'école, j'ai pris des cours de chant et de danse ; en six mois, j'ai fait beaucoup de progrès. Alors… Pourquoi pas moi ?

Les autres disent que je suis trop jeune, mais c'est peut-être parce qu'ils sont jaloux ? Samedi, c'est le grand jour ! Je VEUX gagner ! Je PEUX gagner ! Je VAIS gagner !

---

3 **le/la meilleur,e** der/die/das Beste – 7 **un journal intime** Tagebuch – 20 **vraiment** wirklich – 23 **un chant** Gesang – 24 **un progrès** Fortschritt

3 Bravo, la star !

Dimanche. Stéphanie retrouve ses meilleurs amis au MacDo. Quand elle arrive, ils applaudissent tous.

Elodie : Salut, la star, et bravo !
Stéphanie : Eh, attends ! C'est pas encore fini : il reste cinq autres candidats !
Guillaume : Ouais, mais c'est toi la meilleure, et tu vas gagner, c'est sûr !
Audrey : Nous aussi, on a envoyé des SMS…
Elodie : Et on a tous voté pour toi !
Stéphanie : Merci, c'est sympa ! Cette fois, j'ai eu vraiment peur. J'ai tellement envie de gagner…
Audrey : C'est pas trop dur de chanter à la télé, comme ça, toute seule devant les caméras ?
Stéphanie : Si, c'est assez difficile… Surtout le moment où ils annoncent les résultats. Tu es sur la scène, avec les autres, tu attends, tu te dis : « O.K., j'ai bien chanté, j'ai pas oublié mon texte, tout va bien… » mais en même temps, t'as peur, t'as mal à la tête, au ventre… Après, bien sûr, quand tu vois ton nom sur l'écran, ça, c'est super !
Karim : Pour les candidats qui sont pas éliminés, peut-être… Mais pour les autres…
Audrey : Moi, je trouve que l'animateur a été hyper dur avec les quatre qui ont perdu !
Guillaume : Mais c'est exactement ça que les gens veulent voir quand ils regardent cette émission : des moments dramatiques, des gens qui pleurent… y a pas de place pour tout le monde dans l'univers du showbiz…
Stéphanie : Mais arrête, qu'est-ce que tu sais de « l'univers du showbiz », comme tu dis ? Moi, je le trouve super, cet univers ! Tout le monde est sympa avec moi et je rencontre tous les jours des mecs super intéressants.

---

6 **ouais** *fam.* oui – 9 **voter pour qn** für jdn stimmen – 11 **tellement** so viel, so sehr – 15 **un résultat** Ergebnis – 20 **éliminé,e** ausgeschieden – 27 **l'univers** *m.* le monde – 27 **le showbiz** [ʃobiz] *fam.* Showbusiness – 31 **un mec** *fam.* Typ

Karim : Je vois… chez les stars, il y a un Superman derrière chaque porte, c'est ça ?
Stéphanie : Mais non, j'ai pas dit ça, t'énerve pas ! Tu parles comme Mathieu, là ! Je me suis disputée avec lui tout à l'heure, parce qu'il veut pas me comprendre : j'ai rien contre vous, vous êtes mes meilleurs copains… Mais j'adore ma nouvelle vie !
Karim : Alors j'espère pour toi que tu vas réussir à aller jusqu'au bout…
Audrey : Et qu'est-ce que tu vas faire, si tu gagnes pas ?
Stéphanie : C'est pas si grave : maintenant, je connais plein de gens à la télé… Je suis sûre que je peux compter sur eux !
Guillaume : Alors là, je te trouve très très optimiste !
Elodie : Et il te reste combien d'étapes, jusqu'à la fin du casting ?
Stéphanie : Encore deux : dans trois semaines, c'est la prochaine qualification. Trois candidats vont être éliminés. Les trois autres se retrouvent en juin, pour la grande finale. Vous êtes tous avec moi, hein ?
Karim : Mais bien sûr ! Nous, on est tes fans depuis toujours… et tes amis !

4 Journal intime de Stéphanie

6 mai
Aujourd'hui, j'ai quitté Mathieu. Je suis un peu triste, parce que je suis encore amoureuse de lui, mais en même temps, je pense que c'est la meilleure solution. J'ai un peu le sentiment qu'on vit sur deux planètes différentes, lui et moi. Avec ce casting, ma vie a beaucoup changé. Je connais maintenant des types super intéressants, des musiciens qui jouent avec des chanteurs célèbres, des

---

3 **s'énerver** sich aufregen – 12 **compter sur qn** auf jdn zählen – 19 **une finale** Final, Endausscheidung – 27 **une planète** Planet – 28 **changer** sich verändern – 30 **célèbre** berühmt

gens qui connaissent des stars… Je trouve ça hyper cool !
Mathieu, lui, il est vraiment adorable, mais il vit encore
dans le monde de l'école. Il me parle de ses copains, de
ses galères avec les profs, de trucs de tous les jours qui ne
m'intéressent plus beaucoup. En plus, je crois qu'il est un
peu jaloux de ma nouvelle vie. Quand je lui raconte mes
journées et mes rencontres, des fois, il fait la gueule.
Bien sûr, il ne comprend pas pourquoi je l'ai quitté. Il
pense que je suis amoureuse de quelqu'un d'autre, et il
ne me croit pas quand je lui dis que non. Comment lui
expliquer ? Je ne sais pas. Je ne peux pas lui dire que je le
trouve trop « normal »… Et pourtant, c'est exactement ça.
C'est la vie, comme on dit. Heureusement, ce soir, j'ai
un cours de chant : pendant deux heures, je vais pouvoir
penser à autre chose.

5 Tout pour le look

*Quelques jours plus tard, dans un des bureaux du casting.
DJ Apollo fait entrer Stéphanie dans une pièce où il y a
déjà deux personnes : un homme assez jeune aux cheveux très courts et très blonds, qui porte une chemise rose,
et une femme de trente ou trente-cinq ans, en noir des
pieds à la tête.*

DJ APOLLO : Viens là, mon chou, je vais te présenter deux
    personnes très importantes pour ton avenir : Minnie
    et Greg. Tu vas voir, ils vont faire de toi une vraie
    superstar.
GREG : Salut ma poule ! C'est comment, ton nom, déjà ?

---

2 **adorable** goldig, süß – 4 **une galère** *fam.* Plagerei – 4 **un truc** *fam.* Ding –
7 **des fois** *f.* manchmal – 7 **faire la gueule** *fam.* eingeschnappt sein – 12 **pourtant**
dennoch – 13 **heureusement** zum Glück – 17 **quelques** einige – 17 **plus tard**
später – 20 **court,e** kurz – 21 **des pieds** *m.* **à la tête** von Kopf bis Fuß – 23 **mon
chou** Schätzchen – 27 **ma poule** *etwa:* Mäuschen

Stéphanie : Je m'appelle Stéphanie. Stéphanie Allard.
Greg : Ah là là… Mais ça va pas du tout, ça ! Tu entends ça, Minnie ? Stéphanie Allard !
Minnie : Oui, on va devoir trouver autre chose !
5 Stéphanie : ? ? ?

Minnie : Mais d'abord, le look. Premier point : les yeux. Enlève tes lunettes, pour voir… Aaah oui, comme ça, c'est bien !

Greg : Très bien, même ! Maintenant, on voit ses yeux !

Stéphanie : Peut-être, mais moi, je vois rien du tout !

Greg : Mais ça fait rien, ça, ma poule : c'est les autres qui doivent te voir, pas le contraire !

Minnie : Greg, ne t'énerve pas. Y a pas de problème, elle peut très bien porter des lentilles de contact.

Stéphanie : Ça, je veux bien ! J'ai jamais eu de lentilles, mais je voudrais bien essayer.

Greg : Oh, tu sais quoi, Minnie ? J'ai une idée gé-ni-ale : des lentilles de contact bleues !

Minnie : Mais bien sûr, je me demande pourquoi je n'ai pas pensé à ça moi-même ! J'adore cette idée !

Stéphanie : Ah non ! Des lentilles, d'accord, mais pas des bleues ! Moi, j'aime bien mes yeux verts. Tout le monde me dit qu'ils sont beaux.

Greg : Bon, c'est toi qui vois… mais tu as tort ! Crois-moi, on connaît bien notre job ! Et maintenant : les cheveux !

Stéphanie : Ils sont pas bien, mes cheveux ?

Minnie : On n'a pas dit ça… Mais tu sais, ce casting, c'est pour la télé, pas pour la radio. L'important, c'est ton image. Tu comprends ? Pour tes cheveux, il faut une couleur plus claire ! Et puis, ils sont beaucoup trop frisés.

Greg : C'est pas grave, ma poule ! Tout à l'heure, Minnie va aller avec toi chez Rinaldo.

Stéphanie : Je suis pas ta poule ! En plus, c'est super cher, chez Rinaldo ! Et moi, j'ai pas beaucoup de fric !

Minnie : Pas de panique, c'est pas toi qui paies ! Ça te va comme ça ? On va aussi passer chez Folly's t'acheter des fringues.

---

2 **enlever** abziehen, abnehmen – 2 **des lunettes** f. Brille – 9 **des lentilles** f. **de contact** Kontaktlinsen – 11 **essayer** versuchen, ausprobieren – 19 **avoir tort** m. Unrecht haben – 25 **clair,e** hell – 25 **frisé,e** lockig, kraus – 29 **le fric** fam. l'argent – 32 **des fringues** f. des vêtements

STÉPHANIE : Bon, comme ça, je veux bien ! Je vais pas dire non, surtout si c'est gratuit !
GREG : Bien ! Troisième point : euh… tu n'as pas de piercing, je crois…
STÉPHANIE : Là, je t'arrête tout de suite : n'oublie pas que j'ai 15 ans. Et si je rentre à la maison avec un piercing, je vais avoir des gros problèmes avec mes parents !
GREG : Ah là là … C'est bête, ça, vraiment, c'est trop bête ! Et… un petit tatouage ?
STÉPHANIE : Quoi ? Tout, mais pas ça ! J'ai horreur des piqûres, alors… non, merci !
MINNIE : Mais qu'est-ce qu'elle nous fait, là ? Dis donc, t'es jamais contente, toi !
GREG : C'est vrai, quoi ! Keep cool, ma poule !
STÉPHANIE : Je suis pas…
MINNIE : Fais pas attention, il appelle tout le monde comme ça. Bon, et maintenant, viens avec moi chez le coiffeur. Pour ton nom, on va réfléchir. Tu vas voir, on va trouver quelque chose de bien.

6 Jimmy et Lara

Le 15 mai. Quand Stéphanie sort de son cours de chant, elle rencontre Jimmy, un des autres candidats.

JIMMY : Hé, Stéphanie, t'as cinq minutes ? Je vais boire un coca. Tu viens avec moi ?
STÉPHANIE : Ouais, pourquoi pas ? Mais n'oublie pas : maintenant, mon nom, c'est Lara Estebán.
JIMMY : Ah, oui, c'est vrai. Excuse-moi, j'ai pas encore l'habitude.
STÉPHANIE : Moi non plus, tu sais ! C'est une idée de Minnie et de Greg. Ils disent que Stéphanie, c'est pas un nom de star.

---

9 **un tatouage** Tatoo – 11 **une piqûre** [pikyʀ] Spritze – 17 **un coiffeur** Friseur – 28 **avoir l'habitude (de qc)** gewöhnt sein – 29 **non plus** auch nicht

JIMMY : Et toi, quel est ton avis ?
STÉPHANIE : Ben… Pour moi, c'est normal. Ça va faire seize ans que je m'appelle comme ça, alors… Je me suis jamais posé la question, tu vois…
JIMMY : Mais ça te plaît, d'avoir un autre nom ?
STÉPHANIE : Oui et non… Je trouve ça un peu bizarre, mais si ça peut m'aider à gagner…
JIMMY : Tu vas voir, bientôt, ça va te sembler tout à fait normal. Tiens, regarde Johnny Halliday : tu crois que c'est son vrai nom ? Ou… Eminem, ou Madonna ?
STÉPHANIE : Ou… Jimmy Liberty ?
JIMMY : Ah, là, je t'arrête : moi, je m'appelle vraiment comme ça. Mon père est jamaïcain. Mais tout le monde croit que c'est un pseudonyme.
STÉPHANIE : C'est ton nom ? C'est pas vrai ! T'as de la chance, toi !
JIMMY : Mais toi aussi ! Maintenant, t'as un vrai nom de star. Qui est-ce qui l'a choisi ?

8 **sembler** scheinen – 13 **jamaïcain,e** qui vient de Jamaïque

STÉPHANIE : Greg et Minnie, bien sûr ! Je t'explique :
« Allard », en verlan, ça donne « Lara ». Et à partir de
« Stéphanie », ils ont fait un nom espagnol : « Estebán ».
Et voilà !
5 **JIMMY :** Moi, j'aime bien ! Ça fait penser aux Caraïbes, ça
te va bien.
STÉPHANIE : Tu parles ! Ma mère vient de Dakar, et mon
père est parisien. Alors les Caraïbes, c'est pas la porte à
côté ! Je parle même pas espagnol !
10 **JIMMY :** Et alors ? Tu chantes bien, c'est ça qui compte.
STÉPHANIE : Tu as peut-être raison… Mais dis-moi Jimmy,
les autres candidats, ils ont aussi changé de nom ?
JIMMY : Non, pas tous. Hassan Mansouri, par exemple, il
a pas voulu. Et Morgane, en vrai, elle s'appelle Marie-
15 Morgane Le Berre… Avec un nom comme celui-là,
tu peux chanter que de la musique bretonne ! Bon,
tu m'excuses ? Je dois partir, j'ai une répèt' dans dix
minutes. Allez, salut, Stéph… Euh… Lara !
STÉPHANIE : A plus, Jimmy ! Et merci pour le coca !

20 7 Journal intime de Stéphanie

*Le 24 mai, il y a eu encore une qualification ; encore une
fois, Stéphanie a bien chanté, et elle a réussi. Cette fois, il
ne reste que trois candidats pour la finale : Jimmy Liberty,
Morgane et… Lara Estebán. Elle est très heureuse, mais elle*
25 *a peu de temps pour elle : il y a beaucoup de choses à faire,
quand on veut devenir star ! Ce soir, pourtant, elle trouve le
temps d'écrire quelques lignes dans son journal.*

---

2 **le verlan** « langue à l'envers » (die Wortsilben werden umgestellt) – 5 **les Caraïbes** *m.* die Karibik – 6 **aller à qn** zu jdm passen – 8 **ce n'est pas la porte à côté** das ist ganz schön weit – 16 **breton,ne** bretonisch – 17 **une répèt'** *fam.* une répétition (*Probe*) – 19 **à plus** *fam.* à plus tard (*bis später*) – 27 **une ligne** Zeile

2 juin

Ouf ! Quelle journée ! Aujourd'hui, je n'ai pas arrêté une minute : deux interviews, des photos pour « Salut ! », une répétition et un enregistrement ! En plus, je n'aime pas beaucoup la chanson que je chante en ce moment. Tout le monde me dit qu'elle est géniale et que ça va être LE tube de l'année, mais elle ne me plaît pas vraiment. La musique, ça peut aller, mais le texte…

> *Seule dans la nuit*
> *Seule dans la vie*
> *Je cherche un ami…*

Je ne sais pas qui a écrit ça, mais… Bof ! Est-ce que je peux gagner avec cette chanson ? Je ne sais pas, mais si tout le monde le dit, ça doit être vrai. C'est bizarre, en ce moment, j'ai un peu l'impression de vivre la vie d'une autre. Le matin, quand je me regarde dans la glace, je n'arrive pas à me reconnaître. Normal, c'est Lara Estebán que je vois.

---

4 **un enregistrement** (Ton)Aufnahme – 15 **une impression** Eindruck – 16 **une glace** *ici:* Spiegel – 16 **arriver à faire qc** es schaffen, etw. zu tun

Dans les journaux, on parle de moi, mais souvent pour raconter des bêtises. Hier, par exemple, un journaliste m'a vue marcher dans la rue avec Jimmy Liberty, et bien aujourd'hui, on peut lire dans le journal : « Lara et Jimmy, le grand amour », « Lara a deux passions : Jimmy et la musique », « Après le casting, ils veulent chanter ensemble »... N'importe quoi, vraiment ! Je sais bien que cette pub est importante pour moi, mais des fois, ça m'énerve.

Bon, mais qu'est-ce que j'ai, moi, ce soir ? Je vis des semaines fantastiques, et je ne suis pas contente ! Je suis folle, ou quoi ? Bah, c'est peut-être parce que je suis super fatiguée. J'ai besoin d'une bonne nuit de sommeil, c'est tout. Tout va bien, la vie est belle.

8 Une dispute en famille

Le 3 juin, le soir, chez les Allard. C'est la fin du repas.

Mme Allard : Tiens, Stéphanie, tu veux un peu de gâteau au chocolat pour le dessert ?

Stéphanie : Non merci, j'ai pas faim.

Mme Allard : Mais c'est ton gâteau préféré ! Et puis, tu n'as presque rien mangé aujourd'hui ! Tu es sûre que tout va bien ?

Stéphanie : Mais oui, pas de problème, ça va... j'ai pas envie de manger, c'est tout... je... et puis zut, je suis au régime, voilà !

Mme Allard : Co... Comment ? Mais pourquoi ? Tu te trouves trop grosse ?

Stéphanie : Oui... Enfin, non, je... C'est Greg : il dit que je suis un petit peu trop ronde.

---

7 **n'importe quoi** irgendetwas; *ici:* Schwachsinn! – 13 **le sommeil** Schlaf – 24 **être au régime** auf Diät sein – 29 **rond,e** rund

Mme Allard : Mais il est fou, ou quoi ? Et si tu tombes malade, c'est lui qui va te soigner, peut-être ?

M. Allard : Tu ne crois pas que tu as déjà fait assez d'efforts pour ce casting ? Un nouveau look, des lentilles de contact, O.K. Et si tu veux t'appeler Lara Estebán, c'est ton problème. Mais si tu joues avec ta santé, là, je dis stop. Pas d'accord !

Stéphanie : Mais je joue pas avec ma santé ! Je veux perdre trois ou quatre kilos, c'est tout.

Mme Allard : Et tu veux les perdre où, ces kilos ? Tu n'as pas un gramme de trop !

Stéphanie : Laisse-moi, maman ! J'essaie de mettre toutes les chances de mon côté, c'est normal, non ?

Mme Allard : D'accord, mais je peux te donner mon avis, non ? Après tout, je suis ta mère !

M. Allard : Ecoute, Stéphanie : tu es très jeune, tu n'as que 15 ans…

Stéphanie : Presque 16 !

M. Allard : Si tu veux. Presque 16. Et bien à 16 ans, on ne voit pas toujours tous les problèmes. Pour ces gens, tu n'es qu'un produit commercial. Ils veulent se servir de toi pour gagner de l'argent, c'est tout. Toi, tu ne les intéresses pas.

Stéphanie : C'est pas vrai ! Ils peuvent m'aider à devenir une star, et pour moi, c'est ça qui compte !

Mme Allard : Mais enfin, réfléchis deux minutes : si tu chantes bien, ce n'est pas un kilo de plus ou de moins qui va ruiner ta carrière !

Stéphanie : C'est vrai, mais…

Mme Allard : Tu vois bien ! Alors, tu es sûre que tu ne veux pas de ce bon gâteau ?

Stéphanie : Bon… mais un tout petit morceau, s'il te plaît.

---

1 **tomber malade** krank werden – 2 **soigner** pflegen – 3 **faire un effort** sich Mühe geben – 15 **après tout** schließlich – 21 **un produit** Produkt – 21 **commercial,e** kommerziell – 21 **se servir de qn** jdn ausnützen

9 Journal intime de Stéphanie

6 juin

Dans une semaine, c'est mon anniversaire. Enfin 16 ans !
Le vendredi 13… Pour moi, c'est un jour de chance. En
tous cas, je vais faire une méga fête ! Le seul problème,
c'est que je ne sais pas qui je vais inviter. Bien sûr, j'ai
beaucoup de copains et de copines, en ce moment, c'est
pas ça qui manque… Mais c'est difficile de savoir qui sont
mes VRAIS amis. Qui est-ce qui m'aime vraiment pour
moi-même ? Qui est-ce qui veut seulement pouvoir dire
qu'il connaît une star ?… Pas facile de faire la différence.
Et les jeunes du casting ? Il y a des filles que j'aime bien,
et aussi deux ou trois mecs sympas, mais ils ont déjà
perdu, alors ils ne vont peut-être pas avoir envie de faire
la fête avec moi. Il y a aussi Jimmy et Morgane, mais je
ne veux pas les inviter maintenant, quinze jours avant le
grand soir ! En plus, Jimmy, je le trouve assez cool, mais
Morgane… Elle n'arrête pas de dire du mal de moi à tous
les journalistes ! Ou alors, c'est eux qui écrivent n'importe
quoi. Ça aussi, c'est possible : l'autre jour, un journaliste
m'a demandé de lui parler de mon enfance malheureuse
dans les quartiers pauvres de Maracaibo ! J'ai dû faire une
drôle de tête : je sais même pas où c'est ! J'ai tout compris
deux jours plus tard, quand j'ai parlé avec Minnie : c'est
elle qui a raconté ce bobard à un reporter. Après, elle m'a
dit : « Je sais, c'est pas vrai, mais ça plaît aux lecteurs ».
Peut-être, mais c'est MA vie, quand même !
Papa a peut-être raison, pour les gens du casting, je ne
suis qu'un produit commercial… Des fois, ils parlent de
moi comme d'une chose, pas comme d'une personne.
Heureusement, c'est bientôt la finale, parce que je
commence à en avoir marre de tout ça ! Au début, j'ai
trouvé tout le monde génial à la télé, mais maintenant, je

---

17 dire du mal de qn schlecht über jdn reden – **20 l'enfance** *f.* Kindheit – **20 malheureux, -euse** unglücklich – **21 Maracaibo** une ville au Vénézuela – **24 un bobard** *fam.* Lüge – **25 un lecteur, une lectrice** Leser

n'ai plus qu'une idée en tête : chanter, gagner, et devenir la « superstar » ! Et après ? Après, je ne sais pas. J'espère qu'on va me laisser chanter et vivre ma vie comme je veux. J'espère… mais j'ai des doutes !
Ce soir, je me sens très seule. J'ai envie de téléphoner à Mathieu…

10 Un coup de téléphone

Un peu plus tard.

MATHIEU : Allô ?
STÉPHANIE : Salut, Mathieu, c'est Stéphanie.
MATHIEU : Ah, c'est toi… Et… Qu'est-ce que tu veux ?
STÉPHANIE : Ben voilà, j'ai envie d'aller au cinoche, ce soir, et je me suis dit que… Enfin… Tu veux pas venir avec moi ?
MATHIEU : Tiens, ça, c'est nouveau : madame Estebán ne sait pas avec qui passer sa soirée ! Et ils sont où, tous tes super copains du casting ? Et tes fans ? Pourquoi tu vas pas au cinéma avec eux ? Ils n'attendent que ça !
STÉPHANIE : Oh, les fans, tu sais… Tous les jours, ils m'envoient dix lettres d'amour et des tas de mails, mais finalement, ils ne me connaissent pas. Avec toi, c'est autre chose : tu sais qui je suis, et j'ai pas besoin de toujours jouer le rôle de la star super cool. Je peux te parler de tout, tu me comprends…
MATHIEU : Non mais qu'est-ce que tu racontes, là, Steph' ? A quoi tu joues ? C'est fini, ça. Tu m'as fait assez mal comme ça, alors maintenant, sois sympa, laisse-moi tranquille, tu veux bien ?

---

4 **un doute** Zweifel – 5 **se sentir** sich fühlen – 12 **un cinoche** *fam.* un cinéma – 16 **une soirée** Abend – 20 **un/des tas de…** Haufen… – 21 **finalement** schließlich – 26 **faire mal à qn** jdm weh tun – 28 **laisser qn tranquille** jdn in Ruhe lassen

Stéphanie : Ecoute, Mathieu, je sais que j'ai été très dure avec toi, mais… Bon, voilà, je le regrette, et je voudrais bien te revoir. Tu es d'accord ?
Mathieu : Désolé, mais c'est non : moi, je suis amoureux de Stéphanie, pas de Lara. Allez, ciao !
Stéphanie : Mais… Mais… Attends, je SUIS Stéphanie ! Ta Steph' ! Tu entends ? Allô ?... Allô ? ? ? Mathieu ?... Pas possible : il a raccroché !

11 Rencontre à la FNAC

Le 17 juin. Encore quatre jours, et c'est la finale ! Stéphanie a besoin de penser à autre chose : elle va à la FNAC, regarder les nouveaux CD. Nicolas, un jeune vendeur, vient la voir.

Nicolas : Tu es Lara Estebán, non ? Salut !
Stéphanie : Oui, c'est moi. Comment tu m'as reconnue ?
Nicolas : Ça, c'est pas difficile : on te voit à la télé, on t'entend à la radio, on parle de toi dans les journaux… J'ai bien connu ça, moi aussi : « Changer la vie », « La nuit sur la plage », « Amoureux d'Amélie », ça ne te dit rien ?
Stéphanie : Si, attends, c'est… Ah, zut, comment il s'appelle, déjà ? Antonio ? Non, Angelo ! C'est ça ! C'est Angelo qui a chanté tous ces tubes !
Nicolas : Ouais, Angelo, alias Nicolas Delage. C'est moi.
Stéphanie : Toi ? Oh, excuse-moi, je t'ai pas reconnu. C'est que… t'as beaucoup changé, je trouve !
Nicolas : Oui, enfin… non : j'ai changé, il y a trois ans, pour devenir Angelo. Maintenant, je suis à nouveau moi.
Stéphanie : Et pourquoi tu as arrêté ?

---

2 **regretter** bedauern – 8 **raccrocher** auflegen (am Telefon) – 9 **la FNAC** ein Musikkettenladen – 12 **un,e vendeur, -euse** → vendre – 18 **une plage** Strand – 23 **alias…** auch… genannt – 27 **à nouveau** wieder

Nicolas : Très bonne question ! Tu vois, c'est assez facile de devenir célèbre. Mais c'est très difficile de le rester. J'ai chanté pour un casting, comme toi. J'ai gagné, et pendant quelques mois, ma vie a été fantastique : j'ai fait des concerts, j'ai enregistré des CD, on m'a invité sur toutes les chaînes de télévision, j'ai même eu mon émission sur M6… Le rêve, quoi !

Stéphanie : Et ensuite ?

Nicolas : Ensuite, il y a eu un autre casting, d'autres superstars, et tout le monde a oublié Angelo. Ça va très vite, tu sais… Je te raconte pas ça pour te faire peur, mais… Fais gaffe, quand on retombe, ça fait très mal, je peux te le dire !

Stéphanie : Et maintenant ? Tu as toujours mal ?

Nicolas : Un peu… J'essaie d'oublier tout ça, mais c'est pas facile ! Je fais encore un peu de musique, comme ça, pour m'amuser, avec des bons copains.

Stéphanie : Et tu vends des disques à la FNAC…

---

12 **faire gaffe** *fam.* aufpassen – 12 **retomber** herunterfallen

Nicolas : Il faut bien gagner sa vie, non ? Et puis, ce travail me plaît. C'est une bonne solution pour rester en contact avec la musique. J'aide les gens à choisir quand ils ne savent pas quoi acheter. En ce moment, c'est pas difficile : ils veulent tous ton dernier CD !
Stéphanie : Ça, je trouve que c'est une bonne nouvelle !
Nicolas : Ouais, ça marche bien, pour toi. Je suis sûr que tu vas gagner ce casting. Mais fais attention à toi, Lara ! Angelo a gagné, lui aussi. Et maintenant… Au fait, c'est quoi, ton vrai nom ? J'imagine que c'est pas Lara ?
Stéphanie : Non, je m'appelle Stéphanie Allard… Mais je dois dire qu'il y a des moments où je sais plus vraiment qui je suis…
Nicolas : Tu veux un conseil ? Essaie de rester toi-même. C'est très important ! Et si un jour tu as besoin de parler avec quelqu'un qui connaît bien ta situation, viens me voir ! D'accord ?
Stéphanie : D'accord ! Merci, Angelo !
Nicolas : Non, non, Angelo, c'est fini, terminé : moi, je m'appelle Nicolas, compris ?
Stéphanie : Compris. Merci, Nicolas !
Nicolas : De rien ! Allez, salut, Stéphanie !

---

14 **un conseil** Rat

12 Journal intime de Stéphanie

20 juin
C'est drôle, la vie : demain, c'est la finale... Le jour où je peux devenir la nouvelle « superstar ». Le jour que j'attends depuis six mois. J'ai rêvé de ce moment jour et nuit, j'ai bossé comme une folle pour arriver là... Et bien c'est fou, mais je n'ai plus envie d'y aller, à cette finale. Je me sens vide, j'en ai marre de tout et de tout le monde. J'ai l'impression de ne pas être à ma place. Depuis ma rencontre avec Nicolas, mardi dernier, je me suis posé beaucoup de questions. Je n'ai pas envie de finir comme lui, qui a perdu tous ses rêves...
Je sais maintenant qu'il n'y a qu'une seule solution. Tout est très très clair, dans ma tête.

13 Adieu, Lara...

Le 21 juin. Stéphanie est l'invitée du journal télévisé, le présentateur, Jean-Pierre Langlade (JPL) veut lui demander comment elle sent, quelques heures avant la finale.

JPL : Bonjour et bienvenue dans notre émission, Lara Estebán ! Tous les téléspectateurs se...
STÉPHANIE : Excusez-moi, mais... Vous voulez bien m'appeler Stéphanie ?
JPL : Comment ? Mais... Mais pourquoi ?
STÉPHANIE : Parce que c'est mon nom. Lara, ce n'est pas moi : c'est cette fille qui a tout fait, depuis six mois, pour arriver à la finale de ce soir.
JPL : Qu'est-ce que vous voulez dire ? Expliquez-nous, ce n'est pas très clair !

---

5 **bosser** *fam.* travailler – 13 **clair,e** klar – 15 **un,e invité,e** Gast – 16 **un présentateur, une présentatrice** Nachrichtensprecher – 19 **un téléspectateur, une téléspectatrice** Fernsehzuschauer

STÉPHANIE : Et bien, voilà : je ne vais pas participer à la finale.
JPL : Ça, c'est une surprise ! Alors tout ce travail, tous ces efforts, tout ça pour rien ?
STÉPHANIE : Je ne crois pas ! Pendant ces six mois, j'ai appris beaucoup de choses !
JPL : Oui, vous avez fait d'énormes progrès…
STÉPHANIE : Non, je veux dire que j'ai compris beaucoup de choses : d'abord, je sais maintenant que j'ai du talent, mais je sais aussi que ça ne suffit pas pour réussir. Je dois encore beaucoup travailler pour bien apprendre mon métier.
JPL : Bien sûr, mais ça, vous pouvez aussi le faire après !
STÉPHANIE : Non. Ce casting n'est pas la bonne solution pour moi. Je veux devenir une star, c'est sûr, oui, une étoile, mais pas une étoile filante.
JPL : Et… Qu'est-ce que vous allez faire, maintenant ?
STÉPHANIE : Je vais aller à l'école et faire mes devoirs.
JPL : Ah, vous voulez passer votre bac ? Très bonne idée !
STÉPHANIE : Non, non. Le collège, les profs, les cours de maths et de français… tout ça, c'est bien fini ! Je ne peux vraiment plus m'imaginer dans une salle de classe, comme avant !
JPL : Mais alors…
STÉPHANIE : Je veux parler d'une école de « musical », où on apprend à chanter, à danser, et à jouer la comédie. Mes parents trouvent, comme moi, que c'est une bonne idée. Ça coûte cher, mais au bout de trois ou quatre ans, on a un vrai métier. Il y a des très bonnes écoles, aux Etats-Unis, en Angleterre, en Hollande… Je ne sais pas encore où je vais aller.
JPL : Et vous êtes sûre que vous n'allez pas regretter votre décision ?
STÉPHANIE : Oh oui ! J'ai bien réfléchi, vous savez !

---

1 **participer** teilnehmen – 6 **énorme** très grand – 9 **suffire** ausreichen – 15 **une étoile filante** Sternschnuppe – 18 **le bac** *fam.* le baccalauréat (*Abitur*) – 25 **jouer la comédie** schauspielern – 29 **les Etats-Unis** *m.* USA – 32 **une décision** Entscheidung

JPL : Pourtant, tout le monde est d'accord pour dire que vous avez de grandes chances de gagner. Pour les deux autres candidats, c'est une très bonne nouvelle !

Stéphanie : C'est possible, oui… En tous cas, je leur souhaite bonne chance, à tous les deux, et… Je voudrais dire un grand merci à tous mes fans qui m'ont aidée pendant ces six mois et qui ont voté pour moi : ils sont vraiment super ! Et merci aussi à mes parents, qui m'ont permis de participer au casting. Voilà, c'est tout ! Merci à tous !

JPL : C'est nous qui vous remercions ! Alors adieu, Lara Estebán, et… à bientôt, Stéphanie !

---

5 **permettre** erlauben – 7 **remercier qn** dire merci à qn

Pendant la lecture

Scène 1
1. Décrivez la photo du journal (p. 5).
2. Combien ? Complétez le texte.

> ____ jeunes se sont présentés au casting. Aujourd'hui, ils sont encore ____ : ____ filles et ____ garçons. Ils ont tous entre ____ et ____ ans. Samedi, à ____ heures ____ , ils vont chanter sur M ____ . Pour ____ de ces jeunes, le rêve va s'arrêter là. Les ____ autres vont pouvoir continuer.

Scène 2
1. Vrai ou faux ?

	Vrai	Faux
a) Stéphanie a 16 ans.		X
b) Elle pense qu'elle n'a pas beaucoup de chances de réussir.	X	
c) Il y a encore des candidats qui chantent très bien.	X	
d) Stéphanie n'a pas voulu quitter l'école.		X
e) Samedi, c'est la prochaine qualification.	X	

2. Au début, Stéphanie a vu le casting « comme un jeu ». Et maintenant ? Qu'est-ce qui a changé ? Pourquoi ?

Scène 3
1. D'après Stéphanie, qu'est-ce qui est très dur, quand on chante à la télé pour un casting ?
2. Qui peut être Mathieu ? Pourquoi est-ce que Stéphanie s'est disputée avec lui ?
3. Pourquoi est-ce que Guillaume trouve Stéphanie « très optimiste » ? (p. 8, l. 13)

Scène 4
1. Au choix *(Zur Auswahl)* :
    a) Ecrivez, sous forme de dialogue, la scène où Stéphanie explique à Mathieu pourquoi elle le quitte.
 ou b) Mathieu a lui aussi un journal intime. Qu'est-ce qu'il écrit, le soir du 6 mai ? Racontez.
2. Cochez la bonne réponse *(Kreuzt die richtige Antwort an)*.
    a) Stéphanie connaît maintenant des gens
        ☐ célèbres ☐ jaloux ☐ adorables.
    b) Mathieu est ☐ hyper cool ☐ normal ☐ heureux.
    c) Il parle à Stéphanie ☐ du casting ☐ des gens qui connaissent des stars ☐ de ses copains.
    d) Stéphanie raconte à Mathieu ☐ ses galères ☐ ses rencontres ☐ ses cours de chant.

Scène 5
1. Expliquez la réaction de Greg et de Minnie quand Stéphanie dit son nom.
2. Avec quelles idées de Greg et de Minnie est-ce que Stéphanie est d'accord ? Qu'est-ce qu'elle ne veut pas faire, et pourquoi ?
3. Est-ce que vous pensez, comme Greg et Minnie, qu'on doit changer son look et même son nom pour devenir célèbre ? Pourquoi/Pourquoi pas ?

Scène 6
Vrai ou faux ?

	Vrai	Faux
a) Stéphanie s'appelle maintenant Lara Estebán.		
b) C'est elle qui a choisi ce nom.		
c) Elle est très heureuse d'avoir changé de nom.		
d) Jimmy Liberty est un pseudonyme.		
e) Stéphanie parle bien espagnol, car son père vient des Caraïbes.		
f) Il y a des candidats qui n'ont pas voulu changer de nom.		

Scène 7
1. Pourquoi est-ce que Stéphanie n'aime pas la chanson qu'elle doit chanter ?
2. Pourquoi est-ce qu'elle a l'impression de vivre « la vie d'une autre » ?

Scène 8
1. Complétez les phrases suivantes.
    a) Stéphanie ne veut pas de gâteau parce qu'elle est…
    b) M. Allard pense que pour les gens du casting, sa fille est un…
2. Expliquez pourquoi les parents de Stéphanie ne sont pas d'accord avec elle.
3. Et vous, vous êtes d'accord avec Stéphanie, ou avec ses parents ? Expliquez votre choix.

Scène 9
1. Complétez les phrases à l'aide de mots du chapitre 9, et trouvez le mot-clé dans les cases grises.
    a) Minnie raconte n'importe quoi car ça plaît aux…
    b) Stéphanie ne vient pas de Maracaibo, c'est un…
    c) En ce moment, Stéphanie a beaucoup de…
    d) Elle voudrait pouvoir vivre sa vie, mais elle a des…
    e) Elle n'aime pas trop Morgane, mais elle aime bien…
    f) Elle n'a jamais parlé aux journalistes de son…
    g) Elle ne trouve pas qu'à la télé, tout le monde est…

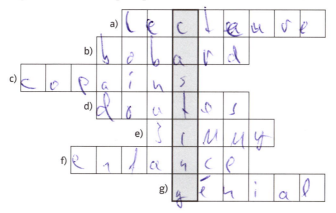

2. Stéphanie se dispute avec Minnie, qui a raconté n'importe quoi à un journaliste. Ecrivez le dialogue et jouez-le ensuite en classe.

Scène 10

Vrai ou faux ?

	Vrai	Faux
a) Mathieu veut aller au cinéma avec Stéphanie.		X
b) Stéphanie préfère passer sa soirée avec ses fans.		X
c) Elle se sent bien avec Mathieu, parce qu'il la comprend.	X	
d) Mathieu est en colère, il ne veut plus voir Stéphanie.	X	
e) Stéphanie regrette d'avoir quitté Mathieu.	X	
f) Mathieu ne veut plus voir Stéphanie, parce qu'il est amoureux de Lara.		X

Scène 11

1. Cochez la bonne réponse.

    a) Stéphanie va à la FNAC ☐ 4 jours après la finale ☐ 4 jours avant la finale ☐ à 4 heures, le jour de la finale.

    b) Nicolas la reconnaît ☐ parce qu'il l'a vue à la télé ☐ parce qu'elle vient souvent à la FNAC ☐ parce qu'elle a une émission sur M6.

    c) Il n'est plus une star ☐ parce qu'il n'a plus envie de chanter ☐ parce qu'il n'a pas gagné son casting ☐ parce que tout le monde l'a très vite oublié.

Scène 12

Qu'est-ce qui est « très très clair » (p. 23, l. 13), dans la tête de Stéphanie ? A votre avis, qu'est-ce qu'elle va faire ?

Scène 13

Retrouvez dans la grille les mots qui servent à compléter les phrases (on peut lire de droite à gauche, de gauche à droite, de haut en bas, de bas en haut et en diagonale).

Les 7 lettres qui restent vous donnent un mot-clé

Stéphanie a décidé de ne pas _____ à la _____.
Elle a fait d' _____ _____ depuis _____
mois, et elle a de grandes chances de _____ et de
devenir une _____. Mais elle a une autre _____.
Elle veut aller « à l'école ». Pas pour passer son _____,
mais pour apprendre à chanter, à danser et à jouer la
_____. Et maintenant ? Quel _____ va gagner ?
Elle ne le sait pas, mais elle est plutôt _____ de Jimmy
Liberty. En tous cas, s'il gagne, il peut lui dire un grand
_____.

R	E	P	I	C	I	T	R	A	P
E	M	P	R	O	G	R	È	S	R
L	E	S	E	M	R	O	N	É	E
A	R	M	U	É	S	I	I	R	N
N	C	A	N	D	I	D	A	T	G
I	I	A	C	I	É	T	A	L	A
F	A	N	B	E	S	X	I	S	G

Après la lecture

1. La suite
Imaginez la suite de l'histoire : deux ou trois ans après, comment va Stéphanie ? Qu'est-ce qu'elle fait ?
Est-ce qu'elle a réussi à devenir chanteuse ? Racontez.

2. Une chanson
Ecrivez une chanson pour Stéphanie ! Pour vous aider, quelques idées de rimes :
- Aventure, nature, voiture, dur, sûr…
- Piano, radio, photo, oiseau…
- Amour, toujours, demi-tour, carrefour….
- Musique, fantastique, pas de panique….
- Ce soir, histoire, idées noires…
- Guitare, bizarre, j'en ai marre…
- Ville, chlorophylle, difficile…

3. A vous !
En classe, préparez et jouez au choix les scènes 2, 5, 6, 8, 11 et 13. Si les scènes sont trop longues, vous pouvez former plusieurs groupes et vous partager *(teilen)* le travail.

4. Internet
Faites des recherches sur Internet.
1. Quelles émissions de casting existent en France ?
2. Qui est-ce qui les organise ?
3. Comment on fait pour participer ?

Travaillez en groupes et présentez en classe le résultat de vos recherches aux autres élèves.